Couvertures supérieure et Inférieure
manquantes

NOTES

sur

UN VOYAGE EN ÉGYPTE,

PAR

François LENORMANT,

SOUS-BIBLIOTHÉCAIRE DE L'INSTITUT.

PARIS,

GAUTHIER-VILLARS, IMPRIMEUR-LIBRAIRE

DES COMPTES RENDUS DES SÉANCES DE L'ACADÉMIE DES SCIENCES,

SUCCESSEUR DE MALLET-BACHELIER,

Quai des Augustins, 55.

1870

Découverte de restes de l'âge de pierre en Égypte;

Par MM. E. HAMY et F. LENORMANT.

> « Thèbes-Louqsor, 30 octobre 1869.

« Nous vous prions de vouloir bien faire connaître à l'Académie une découverte que nous venons de faire dans le cours d'un voyage dans la haute Égypte, entrepris sous les auspices de S. A. le Khédive, découverte qui n'est peut-être pas indigne d'attirer quelques instants l'attention de la docte Compagnie.

« L'existence d'un âge de pierre en Égypte avait été jusqu'à présent contestée. Les faits que nous vous soumettons nous paraissent de nature à modifier les idées qui ont cours à ce sujet chez les égyptologues

« Sur le plateau élevé qui sépare la célèbre vallée de Biban-el-Molouk des escarpements qui dominent les édifices pharaoniques de Deir-el-Bahari, nous avons constaté la présence d'une innombrable quantité de silex taillés gissant à la surface du sol, dans une étendue de plus 100 mètres carrés. Ces pierres travaillées, qui appartiennent aux types bien connus, désignés sous les noms de pointes de flèches, pointes de lances, hachettes lancéolées et amygdaloïdes, couteaux, grattoirs, perçoirs, percuteurs et nucléus, constituent évidemment les restes d'une fabrication ancienne, suivant toutes les probabilités préhistorique et exactement comparable à ce qu'on désigne en France sous le nom d'*atelier de la pério le néolithique*.

« MM. Balard, de Quatrefages, Würtz, Jamin, Broca, Berthelot, avec lesquels nous avons la bonne fortune de faire le voyage, ont été les témoins de la découverte et nous autorisent à déclarer ici qu'ils ont constaté l'origine des échantillons par nous recueillis et leur similitude avec les objets de l'âge de pierre d'Europe. Nos meilleures pièces seront déposées au Musée de Saint-Germain, où les savants spéciaux pourront les consulter. »

> (22 novembre 1869.)

H., L.

Sur l'antiquité de l'âne et du cheval comme animaux domestiques en Égypte et en Syrie;

Par M. F. LENORMANT.

« Au commencement de cette année, M. Richard Owen, revenant d'Égypte, a adressé à l'Académie des Sciences un résumé très-intéressant de ses observations dans ce pays. Il faut cependant y relever une inexactitude sur un fait de quelque importance, et c'est à cette rectification qu'est consacrée la présente Note.

» En parlant des monuments de l'ancien empire égyptien, c'est-à-dire de la période historique qui s'étend jusqu'à la VI⁰ dynastie inclusivement, et dont le point culminant doit être placé quatre mille ans environ avant l'ère chrétienne, M. Owen dit : « On peut inférer de l'absence totale
» d'aucune figure des quadrupèdes solipèdes, cheval ou âne, dans les re-
» présentations nombreuses et soignées de la vie ordinaire et des animaux
» domestiques, que l'immigration des fondateurs de la civilisation égyp-
» tienne, s'ils sont venus d'un pays où les solipèdes existaient, a eu lieu à
» une époque antérieure à la subjugation et à la domestication de ces
» quadrupèdes. »

» La remarque est parfaitement exacte en ce qui concerne le cheval. Non-seulement cet animal n'apparaît sur aucun monument de l'ancien empire, mais il est également absent de ceux de la période qu'on appelle le *moyen empire*, et qui s'étend depuis la première renaissance égyptienne, sous la XI⁰ dynastie, jusqu'à l'invasion des Pasteurs, comprenant les dynasties brillantes qu'on désigne comme la XII⁰ et la XIII⁰. Au contraire, quand les monuments recommencent après une assez longue interruption, sous la XVIII⁰ dynastie, dont l'avénement doit être placé vers 1800 avant Jésus-Christ, le cheval se montre à nous comme un animal dont l'usage était désormais habituel en Égypte.

» Mais pour ce qui est de l'âne, nous le voyons figurer sur les monuments égyptiens, aussi haut que nous puissions y remonter. Sa représentation est très-fréquente dans les tombeaux de l'ancien empire, à Gizeh, à

Saqqarah, à Abousir. On n'a certainement pas oublié le délicieux bas-relief du tombeau de Ti (V° dynastie), représentant une troupe d'ânes, dont le moulage avait été apporté par M. Mariette à l'Exposition universelle de 1867. Dès la IV° dynastie, l'âne était un animal aussi multiplié en Égypte qu'il l'est encore aujourd'hui. Dans *le Tombeau de Schafra-Ankh à Gizeh*, publié par M. Lepsius, il est question d'un troupeau de sept cent soixante ânes élevés sur les propriétés du défunt, haut fonctionnaire de la cour du fondateur de la seconde pyramide de Gizeh (IV° dynastie). Dans d'autres tombeaux encore inédits, découverts par M. Mariette, j'ai remarqué des propriétaires qui se vantent d'avoir possédé des milliers d'ânes. Le dire de M. Owen est donc à modifier sur ce point.

« Au reste, les faits qui résultent, sur ce sujet, de l'étude des monuments égyptiens n'étaient pas exclusivement propres à l'Égypte. Dès le temps de l'ancien empire, la monarchie de la vallée du Nil avait avec l'Arabie Pétrée et la Palestine méridionale de trop étroits rapports de commerce et de suprématie politique, pour ne pas leur avoir emprunté le cheval, s'il avait été connu dans ces contrées. Et, en effet, dans les peintures du célèbre tombeau de Noumhotep, à Beni-Hassan-el-Qadim, on voit l'arrivée d'une famille d'Aamou, c'est-à-dire de nomades pasteurs de race sémitique, qui viennent s'établir en Égypte avec leurs troupeaux sous un des premiers règnes de la XII° dynastie (environ 3000 ans avant notre ère). Leurs seules bêtes de somme sont les ânes, qui portent le bagage et les enfants.

« Ceci est d'accord avec le témoignage du livre de la Genèse, ce fidèle et inappréciable miroir de la vie patriarcale. Quand les richesses des premiers patriarches y sont énumérées, on parle de leurs chameaux, de leurs *ânes*, de leurs troupeaux de bœufs et de moutons (Genèse, XII, 16; XXII, 3; XXIV, 35; XXX, 43; XXXII, 5 et 15; XXXIV, 28; XXXVI, 24; XLII, 26; XLIII, 18; XLIV, 3; XLVI, 23), mais jamais de chevaux, tandis que cet animal apparaît dans l'Exode comme d'un usage général. La seule mention que la Genèse fasse du cheval est lorsque la famille de Jacob vient s'établir en Égypte auprès de Joseph (Genèse, XLVII, 17). Mais ceci se rapporte à la dernière époque des faits rapportés dans le livre, au temps des derniers rois pasteurs en Égypte. Le témoignage coïncide ici, à peu d'années près, avec la plus ancienne mention du cheval que nous puissions relever sur les monuments égyptiens, avec le passage de l'inscription d'Ahmès, fils d'Abana, à Eleithyia, traduite et analysée par M. de Rougé, où il est parlé du char de guerre du roi Ahmès, premier souverain de la XVIII° dynastie.

« Les faits relatifs à l'histoire des solipèdes domestiques en Égypte et

(4)

dans les pays voisins doivent donc être rétablis de la manière suivante :

« 1º L'âne était employé d'une manière universelle en Égypte et en Syrie, comme bête de somme, depuis les temps les plus reculés où les monuments fassent remonter;

« 2º Le cheval, au contraire, resta inconnu dans les pays au sud-ouest de l'Euphrate, jusqu'au temps où les Pasteurs dominaient en Égypte, c'est-à-dire jusqu'aux alentours du XIX° siècle avant l'ère chrétienne.

« J'ajouterai qu'un peu plus tard, les monuments nous montrent l'usage de combattre sur des chars attelés de deux chevaux comme tout à fait national chez le peuple chananéen des Khétas ou Héthéens, qui avait fourni la tribu dominante dans l'invasion des Pasteurs. Il serait donc possible que ce fussent eux qui eussent introduit le cheval en Syrie et en Égypte. J'ai essayé de démontrer ailleurs, dans mon *Manuel d'histoire ancienne de l'Orient*, que la grande migration des Chananéens, venus des bords du golfe Persique en Syrie, n'avait précédé que de très-peu l'entrée des étrangers désignés sous le nom de *Pasteurs* dans la vallée du Nil. »

(13 décembre 1869.)

GAUTHIER-VILLARS, IMPRIMEUR-LIBRAIRE DES COMPTES RENDUS DES SÉANCES DE L'ACADÉMIE DES SCIENCES,
Paris. — Rue de Seine-Saint-Germain, 10, près l'Institut.

*Sur quelques ateliers superficiels de silex taillés récemment découverts
en Égypte ;*

Par MM. HAMY et LENORMANT.

« Nous avons eu l'honneur, dans une précédente Communication
(*Comptes rendus*, 22 novembre 1869), de signaler brièvement à l'Académie
la découverte que nous venions de faire d'un atelier de fabrication de silex
taillés sur le Gebel-Qournah, près de Thèbes. La présente Note a pour but
de faire connaître d'autres gisements de même nature, que nous avons
trouvés depuis lors dans le cours de notre voyage, et de rapprocher
les faits qui nous appartiennent de ceux que l'on avait précédemment
recueillis.

« Les premiers silex taillés, supposés préhistoriques, qui soient parvenus
en Europe, provenaient des sondages exécutés dans la basse Égypte, par
l'initiative de la Société Royale de Londres (Ed. Lartet). Envoyés en Angle-
terre par M. Horner, ils n'ont jamais été l'objet d'une description, et leur
nature comme leur âge relatif sont demeurés absolument inconnus. Les
silex travaillés de M. Prisse d'Avesnes ont eu le même sort (Prüner-Bey),
et M. Worsaæ nous apprend que les instruments de pierre rapportés à
M. Lepsius du Sahara égyptien sont encore à l'étude. (*Congrès international
d'Anthropologie*, etc., 2ᵉ session, Paris 1867, in-8°, p. 119.)

« Une Note adressée par M. Arcelin à un journal spécial (*Matériaux pour
l'Histoire primitive et naturelle de l'homme*, t. V, p. 136, 1869), il y a un peu
plus de six mois, est le premier document de quelque étendue qu'on ait
imprimé sur cette intéressante question. Ce petit travail, qui nous avait
échappé, ne renferme malheureusement que des indications très-sommaires,
si bien que, quelque valeur que possèdent les observations qu'elle résume,
elles ont passé inaperçues pour beaucoup d'anthropologistes. M. Arcelin
vient heureusement de donner (1), quelques jours après la lecture de notre
Communication à l'Académie, des détails complémentaires qui nous per-
mettront de dresser la liste des *ateliers superficiels de silex taillés* actuelle-
ment connus en Égypte.

---

(1) *Matériaux*, etc , numéro de septembre, publié le 25 novembre.

II., L.   2

« Ce sont, en allant du nord au sud :

« 1° SAQQARAH. Cette station, découverte par M. Arcelin, lui a fourni entre autres pièces, des grattoirs et des racloirs assez bien travaillés.

« 2° NEG SALMANI (Lenormant). Petit atelier dans le désert, à quelque distance de la chaîne Libyque, au nord des ruines d'Abydos. On y a observé des couteaux d'un silex blanchâtre.

« 3° HARABAT-EL-MADFOUNEH (Hamy). Autre petit atelier, à l'ouest du grand temple de Séti I\ :sup:, au pied de la montagne. Les silex qui y ont été recueillis sont d'une pâte fine, d'un rose tendre, taillés en couteaux, etc.

« 4° BAB-EL-MOLOUK (Arcelin). A l'entrée de la *Vallée des Tombeaux*, ce naturaliste a ramassé des éclats travaillés en pointes, en grattoirs, en couteaux, etc.

« 5° GEBEL-QOURNAH (Hamy et Lenormant). Vaste atelier de fabrication, dont il a été parlé dans notre Note du 30 octobre. Les silex taillés que nous avons trouvés en si grande abondance, se rapportent à des types très-variés. Nous citerons en première ligne des têtes de lances, d'un curieux travail, dont certains types de la vallée de la Somme et des grottes du Moustier, etc., sont des équivalents, en France; puis des pointes de flèches, de couteaux, avec ou sans talon, des grattoirs, des racloirs d'une forme toute particulière, des percuteurs et des nucléus assez analogues à ceux du Grand-Pressigny. La pâte de ces silex est brune ou noirâtre, et d'une grande finesse.

« 6° DEIR-EL-BAHARI, et 7° DEIR-EL-MEDINEH (Hamy). Au pied de la montagne de Thèbes, on trouve quelquefois dans ces deux localités des nucléus, des couteaux et des éclats semblables à ceux du Gebel-Qournah. Il est permis de supposer que ces instruments viennent des hauts sommets, où se trouveraient des ateliers encore inexplorés.

« 8° Enfin EL-KAB, où M. Arcelin a trouvé, à la base de la falaise, des instruments de diverses formes, couteaux, flèches, etc.

« Nous avons omis, dans cette énumération, le gisement d'Abou-Manga, qui n'est pas superficiel et dont la date est peut-être antérieure, et ceux de la plaine de Thèbes, où nous avons trouvé des types bien plus anciens, comparables à ceux de Saint-Acheul, en rapport avec de vieilles alluvions nilotiques, dont la date relative n'a encore été fixée ni par les géologues, ni par les paléontologistes. Il en sera question dans un travail subséquent. »

(20 décembre 1869.)

M. F. Hément et M. F. Lenormant adressent chacun une Note relative
à l'incertitude de l'interprétation donnée au passage de la Bible qui a été
cité par M. Faye, dans la séance précédente, pour prouver l'existence des
chevaux en Égypte et en Syrie du temps d'Abraham.

« On lit, dit M. F. Hément, dans la traduction la plus récente et la plus
scrupuleuse du Pentateuque, celle de M. le grand rabbin Vogue, profes-
seur d'exégèse au grand séminaire israélite, la Note suivante, concernant *le
ou les yémim* : « Ce mot, par sa rareté, l'étrangeté de sa forme et l'incerti-
» tude de son origine, est *absolument énigmatique*. Les uns y voient des
» *sources chaudes* ou *eaux thermales*, les autres certaines *peuplades redou-
» tables*, enfin la plupart la *production des mulets*. »

« Le mot *yémim*, dit M. F. Lenormant, ne se retrouve nulle autre part
dans la Bible. Dès le temps de la version des Septante, on avait perdu la
tradition du sens de ce mot, et les interprètes grecs l'inséraient purement
et simplement dans leur texte (τὸν τὸν ἰαμὶν), sans chercher à le rendre
par un équivalent. Onkélos, auteur d'une traduction syrochaldaïque de la
Bible environ contemporaine de l'ère chrétienne, a vu là « des géants »;
saint Jérôme traduit : *Qui invenit aquas calidas in solitudine, cum pasceret
asinos Sebeon patris sui.* C'est seulement au XIe siècle de notre ère que les
rabbins occidentaux Raschi et Aben-Esra ont eu l'idée qu'il pourrait être
en cet endroit question de « mulets », et cette traduction a fait pour la
première fois son apparition au XVIe siècle, dans les Bibles protestantes.
Elle avait assez généralement cours parmi les érudits de cette époque; mais
les maîtres de la science philologique moderne ne l'ont pas adoptée. L'il-
lustre Gesenius admet comme la seule possible l'interprétation de la Vul-
gate « sources d'eau chaude », et, en effet, saint Jérôme atteste que, de son
temps, le mot était encore en usage avec ce sens à Carthage. De plus, *yémim*
se rattache bien évidemment au radical *yamah*, « être chaud ».
« Voilà pourquoi je n'avais point fait entrer en ligne de compte cette
soi-disant mention du mulet dans mon relevé des mentions de l'âne et du
cheval dans la Genèse, que j'ai fait directement sur le texte hébraïque et
non sur les traductions, qui peuvent si souvent tromper.
« Le vrai nom hébreu du mulet est *pered*. Les premières mentions

que la Bible fasse de cette espèce hybride ont trait à l'époque de David (II Sam. XIII, 29, et XVIII, 9), et c'est alors un mulet qui est donné comme la monture de bataille d'Absalom. A dater de ce moment, il en est fréquemment question, comme d'un animal très-répandu dans la Palestine. »

(27 décembre 1869)

GAUTHIER-VILLARS, IMPRIMEUR-LIBRAIRE DES COMPTES RENDUS DES SÉANCES DE L'ACADÉMIE DES SCIENCES.
Paris — Rue de Seine-Saint-Germain, 10, près l'Institut.

Note sur le cheval aux temps du nouvel empire égyptien;

Par M. F. LENORMANT.

« L'accueil bienveillant que l'Académie a daigné faire à ma Communication sur les faits relatifs à l'âne et au cheval dans les monuments égyptiens de l'Ancien empire et dans le livre de la Genèse, m'encourage à lui soumettre une nouvelle Note, qui est la suite de la première, au sujet des faits relatifs à l'histoire du cheval comme animal domestique, fournis par les monuments de l'Égypte appartenant à la période qu'on a pris l'habitude de désigner sous le nom de *Nouvel empire*.

» J'ai montré que le cheval avait été inconnu à l'Égypte pendant toute la durée des siècles reculés de l'Ancien empire, et qu'il n'avait été introduit dans la vallée du Nil que par l'invasion des Pasteurs. Une fois introduit, il s'y naturalisa rapidement, et son usage s'y généralisa avec une promptitude comparable à celle avec laquelle il se répandit dans toute l'Amérique une fois que les Espagnols l'y eurent apporté. Au temps du ministère de Joseph, c'est-à-dire sous un des derniers règnes de la dynastie des Pasteurs, sous le règne même où les princes thébains commencèrent la grande lutte de la délivrance nationale, la Genèse nous présente le cheval comme un animal qui était dès lors universellement répandu en Égypte et qu'on élevait dans le pays même (Genèse, XLVII, 17).

» Aussi les grandes représentations historiques des exploits des conquérants de la XVIIIe et de la XIXe dynastie, et les représentations civiles des tombeaux de Thèbes, à partir de la même époque, sont remplies de figures de chevaux. Les chars de guerre, d'une construction légère et traînés par deux chevaux, formèrent depuis ce temps une des forces principales de l'armée égyptienne ; ils sont figurés dans tous les tableaux de bataille. Un de ces chars, découvert dans une sépulture thébaine, existe en original au Musée de Florence. Les rois d'Égypte, à côté des chars, n'avaient pas, dans leurs troupes, de cavalerie proprement dite : le témoignage des monuments est formel à cet égard. Cependant l'art de l'équitation n'était pas absolument inconnu. M. Wilkinson a publié une curieuse hache de la collection Salt, dont le fer, découpé à jour, offre la représentation d'un Égyptien, bien reconnaissable à son type et à son costume, qui est monté sur un cheval) Wilkinson, *Manners and customs of ancient Egyptians*, t. I, p. 400, *fig.* 2). Mais comme cette représentation est unique dans toute la masse de monuments égyptiens que nous possédons, il faut en conclure que, si l'équitation n'était pas tout à fait inconnue, elle était du moins d'un usage très-rare et que les Égyptiens n'employaient guère le cheval que comme animal de trait.

« L'élève du cheval était d'ailleurs en Égypte l'objet des soins les plus attentifs dès le temps de la XVIIIe et de la XIXe dynastie ; on attachait un grand prix à la pureté de la race et à la connaissance des généalogies de ces animaux. Aussi prend-on toujours le soin, dans les bas-reliefs historiques, d'indiquer les noms des chevaux qui traînent le char du roi. C'est de cette façon que nous savons que l'attelage favori de Ramsés II (Sésostris) s'appelait *Puissance en Thébaïde* et *Repos dans la région supérieure*. Ces deux chevaux étaient ceux qui avaient tiré Ramsès, encore fort jeune, d'un très-mauvais pas, lorsqu'il était tombé presque seul dans une embuscade des Khétas ou Héthéens, devant la ville de Kadesch, sur l'Oronte ; aussi le poëme de Pentaour, traduit par M. de Rougé et destiné à célébrer cet événement, raconte-t-il que Ramsés ordonna de traiter désormais son attelage avec des égards tout à fait exceptionnels. L'attelage de guerre de Ramsés III (XXe dynastie) portait les noms d'*Ammon vainqueur dans sa puissance* et de *L'aimé d'Ammon*.

» Mais ce qui est le plus intéressant à étudier dans les grandes compositions qui retracent les batailles des rois de la XVIIIe à la XXe dynastie, c'est la distribution du cheval chez les différents peuples que combattirent les Égyptiens à cette époque, qui s'étend du XVIIe au XIVe siècle avant l'ère chrétienne. Tous les peuples de la Syrie, les Chananéens de la Palestine (*Khali*) et les Héthéens des bords de l'Oronte (*Kheta*) sont figurés combattant sur des chars attelés de deux chevaux. La manière dont ils employaient le plus ordinairement cet animal était l'attelage, mais ils connaissaient aussi l'équitation et elle était même moins rare chez eux que chez les Égyptiens. Dans le bas-relief du temple souterrain d'Ibsamboul, où est figuré l'exploit de jeunesse de Ramsés II devant Kadesch, nous voyons trois cavaliers dans les rangs des Héthéens (Champollion, *Monuments de l'Égypte et de la Nubie*, t. I, pl. XVII *bis* et XXII) ; l'un est armé d'un arc et un autre s'avance au combat au milieu d'un corps d'infanterie qu'il semble commander. La représentation du même combat sur les pylônes de Louqsor contient la figure d'un guerrier héthéen à cheval (Champollion, t. IV, pl. CCCXXIX). A la salle hypostyle de Karnak, au milieu des Chananéens qui s'enfuient en toute hâte vers la ville d'Ascalon (*Asqaluna*), un personnage, qui paraît un chef, est encore monté à cheval (Lepsius, *Denkm. aus Ægypt. und Æthiop.*, abth. III, bl. 145).

« Les Assyriens (*Rotennu*) font aussi habituellement usage du cheval et

combattent sur des chars; à deux reprises, sous des rois de la XVIIIᵉ dynastie, sous Toutmès III (Wilkinson, t. I, pl. IV) et sous Toutanchamen
(Lepsius, *Denkm.*, abth. III, bl. 116), ils sont représentés apportant en
tribut au Pharaon des chevaux de prix. Même usage du cheval et des chars
de guerre chez les Arméniens (*Remenen* ou *Armenen*). On peut donc dire que
d'après les monuments égyptiens, le cheval était universellement répandu
dans toute l'Asie antérieure à l'âge des grandes conquêtes pharaoniques.

» En Afrique, c'était tout le contraire. Là le cheval n'avait encore à
cette époque pénétré que jusque dans l'Éthiopie de Napata, la Haute-
Nubie de nos jours, avec tous les éléments de la civilisation de l'Égypte et
même sa langue. Les nègres du Haut-Nil, contre lesquels les monuments
nous font assister à tant de combats ou plutôt à tant de razzias destinées
à se procurer des esclaves, ne possédaient pas alors le cheval; les seules
bêtes de somme ou de trait que les représentations peintes ou sculptées
montrent dans leur pays sont l'âne et le bœuf. Quant aux Libyens de race
blonde (*Lebu* et *Maschuasch*), qui, établis sur la côte septentrionale de
l'Afrique, attaquaient la Basse-Égypte par l'ouest, ils combattaient exclusivement à pied, ils avaient des bœufs et des moutons, mais ils ne possédaient pas le cheval. Ils n'avaient donc pas apporté cet animal avec eux
dans la migration, très-récente alors, qui, du nord, les avait conduits par
mer en Afrique. Mais ils l'empruntèrent bientôt à l'Égypte, car Hérodote
montre plus tard leurs descendants, les Libyens des bords du lac Triton,
combattant habituellement sur des chars à quatre chevaux (Hérodote,
IV, 178).

» Les Égyptiens, même à l'époque de leurs conquêtes les plus étendues,
n'ont eu de rapports qu'avec peu de peuples de l'Europe. Sous le règne
de Ramsès III, cependant, deux nations « des îles et des côtes de la mer
» du Nord », c'est-à-dire de la Méditerranée, les *Takkaro*, qui paraissent
être des Thraces, et les Philistins (*Palosta*), venus de la Crète, tentèrent
une invasion par mer sur les côtes de la Palestine. Dans les compositions
qui retracent, à Médinet-Abou, la défaite de ces deux nations par les
troupes égyptiennes, peu de temps après leur débarquement, elles se montrent à nous en possession du cheval; en effet, elles ont à la fois des chars
légers attelés de deux chevaux, sur lesquels leurs guerriers combattent à
la façon des héros d'Homère, et de lourds chariots, traînés par des bœufs,
où sont transportées leurs familles.

» Tels sont les principaux renseignements que les monuments de la
XVIIIᵉ, de la XIXᵉ et de la XXᵉ dynastie fournissent sur l'emploi du cheval
chez les Égyptiens et chez les différents peuples avec lesquels ils étaient

alors en rapport. Plus tard, l'élève du cheval, à laquelle l'Égypte était éminemment propre, y prit encore de plus grands développements, et les chevaux d'Égypte devinrent célèbres en Asie. Au temps de Salomon, le roi d'Israël tirait d'Égypte tous les chevaux de son armée et de sa maison, et, de plus, il faisait un fructueux commerce en en exportant du même pays pour les revendre aux rois des Araméens et des Héthéens des bords de l'Oronte. (I Reg. x, 28 et 29; II Chron. ix, 28.)

» Les haras étaient alors en Égypte une chose royale, à laquelle les souverains consacraient une grande attention. M. Mariette a découvert au Gebel-Barkal (l'ancienne Napata) une très-curieuse stèle qui raconte comment, vers 745 av. J.-C., un roi éthiopien, du nom de Piankhi-Mériamen, conquit momentanément l'Égypte, alors divisée entre une multitude de petits princes rivaux (Mariette, *Fouilles en Égypte*, pl. I-VI. *Voy.* un important Mémoire de M. de Rougé, dans la *Revue archéologique* d'août 1863). Au milieu des nombreux traits caractéristiques de mœurs que contient le long récit de ce monument, une chose ressort avant tout, c'est que l'élève du cheval pour l'exportation était alors un des principaux produits de l'Égypte. Chaque petit roi local a son haras; ce qu'il peut offrir de plus précieux au conquérant, c'est « les prémices de son haras, les meilleurs chevaux de ses écuries. » Quant au roi éthiopien, à mesure qu'il s'empare d'un district, son premier soin est d'y inspecter lui-même les haras royaux. Dans un endroit, à Hermopolis de la Moyenne-Égypte, il trouve l'établissement mal tenu, les chevaux en mauvais état; alors il entre dans une grande colère. « Par ma vie! dit-il, par l'amour du dieu Ra, qui renouvelle le « souffle à mes narines! il n'y a pas de plus grande faute à mes yeux que « de laisser affamer mes chevaux. »

» Nous ne devons pas être surpris que, quatre-vingts ans après, quand un roi d'Assyrie, du nom d'Assourbanipal, prit et pilla Thèbes d'Égypte, en 665, il ait avant tout mentionné dans les listes de son butin, inscrites sur un document cunéiforme que possède le Musée Britannique : « des grands chevaux ». Cette dernière épithète mérite d'être relevée, car elle se joint au témoignage des représentations sculptées dans les temples pour prouver qu'il s'était formé en Égypte une race de cheval particulière, plus haute et plus forte que celles de l'Arabie et de la Syrie. C'est la race qui s'est conservée intacte dans le Dongolah, et qu'on ne commence plus guère à rencontrer aujourd'hui qu'à partir d'Assouan. »

(24 janvier 1870.)

GAUTHIER-VILLARS, IMPRIMEUR-LIBRAIRE DES COMPTES RENDUS DES SÉANCES DE L'ACADÉMIE DES SCIENCES.
Paris. — Rue de Seine-Saint-Germain, 10, près l'Institut.

Note sur l'âne et le cheval dans les antiquités des peuples Aryens;

Par M. F. LENORMANT.

« Après avoir entretenu deux fois l'Académie du même sujet, je crains de fatiguer sa bienveillante attention en y revenant une troisième fois. Ces questions relatives à l'origine et à l'histoire des animaux domestiques ont pourtant une réelle importance, et la science des antiquités peut y fournir à la zoologie des renseignements précis, qu'elle a trop souvent négligé de donner. Telles sont les considérations qui m'engagent à revenir encore dans une dernière Note sur l'histoire de l'âne et du cheval, pour suivre ces deux espèces, non plus en Égypte et chez les nations sémitiques de l'Asie antérieure, mais dans les antiquités des peuples Aryens.

« Ici nous n'avons plus pour nous guider de représentations monumentales ni d'inscriptions ou de textes formels. Notre seul moyen d'investigation consiste dans les procédés de la philologie comparative. Les âges primitifs des populations aryennes n'ont pas laissé d'autres monuments que les mots de la langue; mais la science moderne, partant de l'étude de ces mots conduite d'après des méthodes d'une admirable certitude, reconstitue en grande partie le tableau de l'état social où étaient parvenues avant leur dispersion les tribus dont descendent à la fois les populations européennes, les Persans et les Indiens. C'est là ce que M. Pictet, de Genève, a nommé, par une expression très-heureuse, la « paléontologie linguistique ». Le point de départ des recherches de cet ordre a été la remarque ingénieuse et certaine que les mots qui se retrouvent à la fois dans le sanscrit, langue sacrée de l'Inde, dans le zend, antique idiome des Iramiens, et dans les langues de l'Europe, sans avoir sensiblement changé de forme et de signification, donnent la mesure du degré de civilisation qu'avaient atteint les diverses tribus des Aryas occidentaux et orientaux, lorsqu'elles vivaient encore côte à côte dans la Bactriane et qu'elles n'avaient pas quitté leur patrie commune pour se diriger vers les différents pays qu'elles habitèrent plus tard. Par contre, toutes les choses que des mots différents désignent dans les diverses langues de la famille aryenne,

L.4

doivent être considérées comme n'ayant été connues par les peuples sortis de cette souche commune qu'après leur séparation et leur dispersion, par suite du contact avec d'autres races, et n'ayant pas fait partie du premier fonds de civilisation propre aux Aryas.

« Appliquons ces principes et ces procédés de la paléontologie linguistique à l'histoire de l'âne et du cheval.

« Nous reconnaîtrons tout d'abord que le cheval est une des espèces domestiques que les Aryas possédèrent le plus anciennement et que l'usage en était général parmi leurs tribus avant qu'elles se fussent divisées pour se répandre les unes dans l'Europe, les autres dans la Perse et dans l'Inde. Le nom du cheval est en effet le même dans tous les idiomes aryens. C'est le sanscrit *açva*, le zend *açpa*, le persan *asp*, l'arménien *asb*, le lithuanien *aszvà*, le latin *equus*, le grec Ἵππος, dérivé d'un primitif Ἵκϝος et Ἵκκος, qui ne s'était conservé que chez les Éoliens, le gaulois *epos*, le gothique *aihvus*, l'ancien allemand *ehu*. Ce nom signifiait originairement « l'animal rapide ». Au reste, le cheval était exclusivement chez les Aryas primitifs un animal de trait, qu'on attelait à des chars. Dans les Védas l'équitation est encore inconnue ; chez les populations helléniques, l'origine de cet art est placée en Thessalie, et la fable des centaures s'y rapporte.

« Pour ce qui est de l'âne, au contraire, il n'était ni connu ni employé des Aryas avant leur séparation et dans leur patrie primitive, car il n'a pas de nom commun chez les peuples divers qui en descendent. Ses noms sanscrits sont pour la plupart purement indiens ; un seul se trouve aussi dans les langues iraniennes. Mais ce nom, *khara*, comme l'a montré M. Pictet, n'est pas d'origine aryenne ; il est directement emprunté à la source sémitique, hébreu ʿair, arabe ʿayr. Il révèle donc la voie par laquelle les Iraniens d'abord, puis les Indiens, reçurent l'âne domestique.

« Dans les langues celtiques, germaniques et slaves, les noms de l'âne, suivant l'ingénieuse remarque de Diefenbach, appartiennent tous à deux types qui sont manifestement dérivés des deux formes latines *asinus* et *asellus* :

« 1° Dérivés d'*asinus* : cymrique, *asyn* ; cornique, *asen* ; armoricain, *azen* ; anglo-saxon, *assene* ; scandinave, *asni* ; danois, *asen* ;

« 2° Dérivés d'*asellus* : gothique, *asilus* ; anglo-saxon, *asal*, *esol* ; ancien allemand, *esil* ; slavon, *osilu* ; russe, *oseli* ; polonais, *osiel* ; illyrien, *osal* ; lithuanien, *asilas* ; irlandais-erse, *asail*, *asal*.

« Le nom grec du même animal a été l'objet d'études spéciales de la part de M. Benfey. Cet éminent philologue a prouvé qu'il avait passé par trois formes successives, ὄνιος, ὄσιος et ὄνος. De la seconde dérive le latin *asinus:* Quant à la forme primitive, ὄνιος, M. Benfey a établi qu'elle était d'origine sémitique, qu'elle sortait d'un des noms de l'âne dans cette famille de langues : l'hébreu *átôn,* pluriel *atnôt;* l'araméen *atânâ;* l'arabe *atan,* pluriel *utn.* Ce nom dérive du radical *atana,* « marcher lentement », et s'applique parfaitement à la démarche flegmatique de l'âne.

» Les conclusions sont faciles à tirer de ces faits linguistiques.

» Le cheval a été employé par les Aryas comme animal domestique dès l'époque la plus ancienne où nous puissions remonter dans leur histoire, dès avant la séparation de leurs tribus occidentales et orientales, c'est-à-dire dans un temps où il n'avait pas encore pénétré en Égypte.

» L'âne, au contraire, était à la même époque totalement inconnu des Aryas; les diverses nations aryennes de l'Europe et de l'Asie ne l'ont reçu que séparément, beaucoup plus tard, et dans les pays où les avait conduits leur grande migration.

» Cet animal a été communiqué aux Iraniens de la Perse par les Sémites de la Mésopotamie; c'est de là qu'il a passé dans l'Inde, en conservant toujours un nom sémitique, indice certain de sa provenance.

» Chez les Grecs, l'âne a été introduit par des peuples parlant une langue sémitique, probablement les Phéniciens; il était, du reste, entièrement naturalisé chez eux au temps où furent composés les poëmes homériques (*Iliad.,* Λ, v. 558).

» C'est des Grecs que le reçurent les Latins, et à leur tour ce furent eux qui le répandirent chez tous les peuples du nord et de l'occident de l'Europe, Celtes du continent ou de la Bretagne, Germains et Scandinaves, et même Slaves. Du temps d'Aristote encore, il n'y avait d'ânes ni dans la Scythie, ni dans les pays voisins, ni même dans la Gaule (Aristote, *De gener. anim.,* II, 8).

» Ces faits révélés par la philologie se joignent à ceux que nous avons cru pouvoir tirer des représentations monumentales de l'ancienne Égypte et des textes de la Bible, pour confirmer l'opinion qui regarde le cheval et l'âne comme originaires de deux patries absolument opposées. Le cheval a été réduit à l'état domestique sur les plateaux de la haute Asie, et les migrations aryennes ont été le véhicule le plus puissant de sa diffusion dans le monde; il n'a été adopté que tard par les Sémites et n'a fait son apparition en Égypte que deux mille cinq cents ans environ avant l'ère chrétienne. L'âne est une espèce africaine, qui a dû être primitivement domestiquée sur les rives du Nil; d'Égypte elle a passé de très-bonne heure chez les Sémites, qui l'ont transmise plus tard aux tribus aryennes, d'un côté dans la Grèce et de l'autre dans la Perse. Et cet animal, dans sa diffusion qui a fini par devenir universelle, a suivi la marche précisément contraire à celle que suivait le cheval. C'est ainsi que, partis des deux points opposés, ils ont fini par se rejoindre et être partout simultanément en usage. »

(7 février 1870.)

GAUTHIER-VILLARS, IMPRIMEUR-LIBRAIRE DES COMPTES RENDUS DES SÉANCES DE L'ACADÉMIE DES SCIENCES.
Paris. — Rue de Seine Saint-Germain, 10, près l'Institut.

Sur la domestication de quelques espèces d'antilopes au temps de l'ancien Empire égyptien;

Par M. Fr. LENORMANT.

« Les tombeaux égyptiens de toutes les époques nous offrent la figure d'un grand nombre d'espèces d'antilopes. C'est surtout dans les scènes de chasse que les artistes ont représenté la variété de ces espèces qui pullulaient dans les déserts autour de l'Égypte. On peut y relever la liste d'une quinzaine au moins d'antilopes différentes, et toujours parfaitement caractérisées, tantôt percées par les flèches du chasseur, tantôt poursuivies par les grands lévriers que l'on employait à cette vénerie, tantôt enfin ramenées vivantes par les valets de chasse.

» Mais à côté de ces nombreuses espèces que tout indique comme étant à l'état purement sauvage, il en est trois qui figurent d'une tout autre manière, et presque constamment, dans les sculptures des tombes de l'Ancien-Empire, particulièrement de la IVe et de la Ve dynastie. Ce sont l'algazelle (*Antilope leucoryx*, Pall. Licht.), appelée en égyptien *mout*; la gazelle (*Antilope dorcas*, Pall.), appelée *kehes*, et le defassa (*Antilope ellipsiprymna*, Gray), appelé *noutou*. L'étude des représentations où l'on voit ces espèces ne permet pas de douter que les Égyptiens de l'Ancien-Empire ne les eussent réduites à l'état domestique pour en faire des animaux de boucherie.

» Dans presque toutes les tombes, en effet, elles figurent en compagnie du bœuf, du mouton et de la chèvre parmi les animaux domestiques que les pâtres amènent pour la provision de la maison du défunt. D'autres fois elles sont représentées, toujours à côté du bœuf, du mouton et de la chèvre, comme formant des troupeaux, que comptent et enregistrent les scribes chargés de la comptabilité du bétail. Ces troupeaux étaient souvent très-nombreux, et les chiffres inscrits dans quelques sépultures montrent le développement qu'avait pris l'élève des antilopes à l'état domestique. Le tombeau encore inédit de *Sabou*, découvert à Saqqarah, par M. Mariette et exécuté au commencement de la VIe dynastie, énumère comme se trouvant sur les propriétés du mort quatre cent cinq bœufs d'une race dont la représentation est assez rare, mille deux cent trente-cinq bœufs et mille deux cent vingt veaux de la race bovine à longues cornes qu'on voit habituellement sur les monuments de l'Ancien-Empire, mille trois cent soixante bœufs et mille cent trente-huit veaux de l'espèce à cornes courtes figurée aussi fréquemment sur les monuments du même âge, mille trois cent huit algazelles, mille cent trente-cinq gazelles et mille deux cent quarante-quatre defassas.

» Aux trois espèces que je viens de nommer est joint très-habituellement sur les monuments, et dans les mêmes conditions, le bouquetin bedden (*Capra sinaïtica*, Hempr. et Ehrenb.), si fréquent encore aujourd'hui dans les montagnes entre le Nil et la mer Rouge, à la hauteur de l'Égypte moyenne, et dans le massif du Sinaï. Les Égyptiens de l'Ancien-Empire en avaient aussi de nombreux troupeaux à l'état domestique; ils l'appelaient *naï*. Une seule fois, dans le tombeau de *Ma-néfer*, à Saqqarah, lequel date de la Ve dynastie, un bas-relief (Lepsius, *Denkmæler*, abth. II, bl. 69 et 70) nous montre les pâtres amenant aux scribes, qui les enregistrent avec les algazelles, les gazelles, les defassas et les beddens, une quatrième espèce d'antilope, qu'à ses cornes en lyre on reconnait pour la *Damalis senegalensis*, H. Smith. Cette espèce s'étend encore aujourd'hui jusqu'au Sennâr; les anciens Égyptiens l'appelaient *schekes*. On la retrouve plusieurs fois figurée dans les scènes de chasse, mais aucun autre monument ne la montre élevée dans les troupeaux.

» Les algazelles, les gazelles et les defassas, élevés en troupeaux sur les propriétés des riches Égyptiens de l'Ancien-Empire et menés aux champs par des pasteurs, tout comme les bœufs, les moutons et les chèvres, étaient alors dans un état de domestication complet. Ils se reproduisaient dans cet état. Nous en avons la preuve par le curieux bas-relief du tombeau de *Noub-hotep*, à Gizeh (IVe dynastie), où l'on voit au milieu du troupeau une gazelle allaitant son petit (Lepsius, *Denkmæler*, abth. II, bl. 12), et par le grand nombre de monuments où les pâtres apportent dans leurs bras ou sur leurs épaules des faons d'antilopes, comme de petits veaux, des chevreaux et des agneaux.

» Un bas-relief du tombeau de *I-téfa*, à Saqqarah (V^e dynastie) représente, ainsi qu'il est facile de le reconnaître et que l'explique une inscription placée à côté, l'engraissement de l'algazelle, du defassa et du bœuf, au moyen d'une pâtée qu'un valet de ferme introduit à la main dans la bouche de l'animal.

» Dans les tombeaux du Moyen-Empire nous ne trouvons déjà plus trace de l'élève de la gazelle et du defassa à l'état domestique. Ces espèces ne figurent plus dès lors que comme gibier. Mais l'algazelle est encore élevée très-habituellement. Les célèbres tombeaux de Beni-Hassan-el-Qadim (XII° dynastie) nous montrent les troupeaux de cette antilope conduits par leurs bergers à côté des troupeaux de bœufs, de moutons et de chèvres (Lepsius, *Denkmæler*, abth. II, bl. 129). Dans celui de *Nouin-hotep*, le plus beau de tous, l'artiste a encore reproduit la scène de l'engraissement des algazelles avec la pâtée donnée à la main, en même temps que celles de l'engraissement du bœuf, de la chèvre et de l'oie d'Égypte par les mêmes procédés (Lepsius, *Denkmæler*, abth. II, bl. 132). Les traditions de l'Ancien-Empire se maintenaient, au moins pour cette espèce.

» Par contre, les peintures des tombeaux de Gournah, qui nous font connaître tous les animaux domestiques de l'Égypte pendant la période historique du Nouvel-Empire, après l'invasion des Pasteurs et l'avénement de la XVIII° dynastie, ne font jamais figurer dans ce nombre aucune antilope. Toutes, même l'algazelle, sont représentées alors comme des espèces exclusivement sauvages. On avait alors complétement cessé d'en élever, et le secret de leur domestication s'était perdu dans l'interruption violente de la civilisation égyptienne, produite par l'invasion des barbares venus de l'Asie, invasion qui avait, du reste, apporté en Égypte la connaissance de nouvelles espèces, ignorées de l'Ancien-Empire, comme le cheval et le porc.

» Ainsi les Égyptiens des dynasties primitives étaient parvenus à réduire à l'état domestique trois espèces d'antilopes et un bouquetin, tous quatre originaires des contrées qui entouraient immédiatement leur vallée et qu'on ne trouve avoir été domestiqués par aucun autre peuple. Ces animaux formaient des troupeaux très-nombreux sur les domaines des grands propriétaires au temps de la IV°, de la V° et de la VI° dynastie, de 4000 à 3500 ans environ avant notre ère. Sous le Moyen-Empire, vers 3000 ans avant Jésus-Christ, les monuments ne nous offrent plus qu'une seule de ces espèces conservée en domesticité; c'était sans doute celle qui s'y était le mieux prêtée. Mais plus tard, dans la longue et terrible crise que marque l'invasion des Pasteurs, cette dernière espèce disparaît de la faune domestique, et l'élève des antilopes cesse absolument sous le Nouvel-Empire, lequel commence environ 1800 ans avant notre ère.

« Les faits de ce genre méritent d'être soigneusement notés. Je pourrai, un peu plus tard, en signaler quelques autres. Ce sont ces faits qui donnent une physionomie si profondément originale à la faune domestique de l'Égypte dans la période reculée de l'Ancien-Empire. »

(21 février 1870.)

GAUTHIER-VILLARS, IMPRIMEUR-LIBRAIRE DES COMPTES RENDUS DES SÉANCES DE L'ACADÉMIE DES SCIENCES.
Paris. — Rue de Seine-Saint-Germain, 10, près l'Institut.

www.ingramcontent.com/pod-product-compliance
Lightning Source LLC
Chambersburg PA
CBHW061710050726
47598CB00004B/1768